Elmar Perkmann

Unterwegs zum Horizont

AF140918

Elmar Perkmann

Unterwegs zum Horizont

Eine lyrische Wanderung in metaphysischen, besinnlichen und humorvollen Stationen

Impressum:

2015

© Elmar Perkmann
Am Ochsenbühl 3
I-39050 Völs am Schlern
Südtirol, Italien

Herstellung und Verlag:
BoD – Books on Demand, Norderstedt

ISBN 978-3-7386-1040-6

Kreise

Bergbach stürzt sich in das Tal
Schäumt und stolpert
Wird zum Strahl
Nagt am Ufer
Löst den Grund
Taucht verwegen in den Schlund
Tobt sich aus beim
Malen
Wetzen
Folgt getreulich den Gesetzen
Der Chemie
Und der Physik

Löst auch dich auf
Stück um Stück.

Treibst als Welle hin zum Meer
Wartest auf die Wiederkehr.

Bist am Anfang deiner Reise.

Ziehst von neuem
Deine Kreise.

Frühling naht

Ein Traktor steht mit
Tuckerndem Motor
Auf einem dieser Wege
Die kreuz und quer
Durch frisch ergrünte
Wiesen laufen

Ein Bauer schaufelt Mist
Von ferne hört man
Turmuhrschläge

Am Himmel klumpen
Wolken sich zu
Weißen Haufen

Er ist zurück
Daran ist nicht
Zu rütteln
Lockt frisches Grün
Aus Feld und
Flur

Und mag Frau Holle auch noch
Ab und zu die Betten
Schütteln:

Es ist des Winters
Letztes Zappeln nur.

Die Gärtnerin

Sie lebt' im felsenfesten Glauben
Dass Blumen ihr zur Freude blühn
Der Glyzinien süße Trauben
Der Rosenhecke dumpfes Glühn

Da fuhr der Frost ihr in den Garten
Und gnadenlos wie ihr zum Hohn
Vernichtet wahllos er die zarten
Blüten, kannte kein Pardon

Das nahm sie alles
sehr persönlich
War geknickt wie sie,
Gefällt,

Hadert' wütend,
Unversöhnlich

Mit Gott
Und mit dem Rest
der Welt.

Die Straße

Straßen führen
Sagst du
Stets von A nach B.

Die Schwierigkeit besteht zunächst darin
Dass ich das A nicht seh.

Die beste Wahl
Sagst du
Sei dann der Weg
Von B nach A
Ich sei damit bestimmt
Am schnellsten da.

Doch kann ich ohne A
Das B nicht finden
Mag ich mich diesbezüglich
Noch so schinden
Bin ich von A und B
Gleich fern
Gleich nah.

Vielleicht gibt es
Doch irgendwie
Doch irgendwo
Ein kleines
Dünnes
Krumm gebognes
C
?

Evolution

Es ist,
als hielt das große Tier den Atem an
Verharrt in seinem Lauf und schaut zurück

Bewältigt das, was übrig bleibt von seiner Bahn
gemächlich
und mit matt gewordnem Blick.

Die kleinen Wesen, die,
in seinem Pelz verfangen,
Blind und taub die große Reise absolvieren
Dann und wann nach oben und nach außen langen
Verständnislos, wenn auch nicht mehr auf allen Vieren

Fühlen nun die Kälte in den Gliedern,
die sich in den Nacken krallt
Den harschen Wind,
der durch die Weite fährt

Und ahnen nicht,
dass nach den kahlen Wochen
alles
alles
wiederkehrt.

Der Mai

Wonnemonat Mai
Komm doch, komm herbei!
Sag, wo bleibt die Sonne?
Und es fehlt die Wonne.
Fragt sich, was das sei.

Frühlingsmonat Mai?
Hör den Krähenschrei!
Frühling ist es nur zum Schein
Regen hüllt die Landschaft ein
Nebel, zäh wie Brei.

Twittermonat Mai
Komm, ich wäre frei!
Lass mich sein dein' Retter
Schau, ich bin ein Netter
Ist doch nichts dabei...

Liebesmonat Mai
Eins und eins macht zwei
Treffen sich zwei Herzen
Küssen sich und scherzen
und – flugs! - sind es drei.

Krisenmonat Mai
Holt altes Leid herbei
Erst gab es harte Schläge
Dann trennten sich die Wege
Das Herz ist schwer wie Blei.

Abschied und Willkommen

Es ist so
Als ob der Schlaf dich
In die Arme nähme

Als träumtest du
Und würdest dann erwachen.

Man heißt dich nun
In einer neuen Welt willkommen
In der Gedanken siegen
Über Drachen
In der ein Streicheln
Wilde Stürme zähmt
Ein weicher Blick
Des Feuers Atem lähmt

Und Wesenheiten
Schweben durch die Atmosphäre
Sind dir nur allzu gut bekannt
Ohne Härte
Ohne Schwere
Nehmen sanft dich
An der Hand -

Du bist willkommen
Tote Seele
In diesem wunderschönen
grenzenlosen Land.

Adler und Geier

Erst noch auf Adlers
lichten Schwingen
Liegst du im Staub
Bei deinesgleichen

Erst wollt' dein Herz
Vor Glück zerspringen
Nun ist es tot
Und Knochen bleichen.

Es war der Adler nicht
Der durch den lichten Äther fährt

Der Geier ist's
Der nun von deinem Rest sich nährt.

Allein

Eins im All
Wenn alle Teile sich
Versammeln und
Verdichten

Dann wenn die Mitte
Sich der Brandung stellt
Da ist dann keine
Lösung
Und da ist
kein
Fall

Ich bin da
Und überblicke meine
Schichten

Und setze im Ensemble
Meine Schritte

Wir gehn gemeinsam zu
Auf diese unerforschte
Welt

Aufwärts und abwärts

Wege gibt es
Breite
Schmale
Steinige
Und auch recht
Hahle*

Kurven führend
Brechreiz spürend

Aufwärts
Und hinab
Ins Tale.

hahl = glatt (Südtirolerisch)

Bewegungslos

Er lebt auf einem Schwebebalken
Und rührt sich nicht

Über ihm die Adler
Falken
Abwärts zieht ihn sein
Gewicht.

Reglos ziehen so die Jahre
Nicht nach unten
Nicht nach oben

Weiß geworden sind die Haare

Spinne hat ihn
Eingewoben.

Am Spalt

Du ziehst als
Brandspur durch den Äther
Ein Funke
Der sich in den Spalt
Der Dimensionen
Drängt

Heute, morgen, früher, später
Alle Zeit wird hier
Vermengt.

Dem Gefühl
Fehlt die Bedeutung
Den Gedanken
Fehlt der Sinn

Keine Führung
Keine Leitung

Bist du hier?

Wo soll ich hin?

Das Maß ist voll

Das Maß ist voll
Der Scheitelpunkt längst
Überschritten

DUR folgt nun auf MOLL
Da hilft kein
Betteln und kein
Bitten

Komm!
Erwach aus diesem
Rosenroten Traum.
Komm!
Stelle endlich dich
Auf feste Erde

Der Ruhe stelle dich

Der Stille

Schüttle diese bunten Vögel
Aus dem Baum

Stirb!
Folgt nun auf dieses
Viel zu lange
Werde!

Folgt zwingend auf die
Schal
Gewordne
Fülle

Abend

Abendstille überall?
Es fehlen Bach und Nachtigall
Es fehlt der schwarze Wald, der stille
Des Abendrotes Farbenfülle.

Abend ist's in Hof und Stall
Melkmaschine, Kuhmilchschwall
Hahn und Hühner gehen zur Ruh
Nach dem Melken auch die Kuh.

Abendrot

Der Berg blüht auf
Und glimmt im
Abendlicht

Lärchen lodern
Auf die steilen Flanken zu

Sieh, wie steht
Das Schilf
So dicht
Das Wasser liegt
In träger Ruh

Ein Traktor hämmert
Und zerreißt die
Stille
Und seine Spur verliert sich
Irgendwo im Wald

Da irrt ein Wesen
Und da ist ein
Leiser Wille

Der sich verkrampft
An einen letzten
Lebensfunken
krallt

Da ist kein Rand

Von Unendlichkeit angezogen
Von dem
Was niemals war
Und nur für Augenblicke ist

Der Wunsch
Du würdest aufgesogen
Von einer Dimension
Die du doch
Selber
Bist.

Da gibt es manchmal
diesen einen
Kurzen Blick
Ein Ahnen von
Zusammenhängen
Du bist ein Teil des Ganzen
- Nur ein Stück
Und fühlst
Dass alle Teile
In das große Ganze drängen

Und alles löst sich auf
Verliert Bestand
Und bildet einen Kreis
Aus Molekülen
Hat keinen Anfang
Und kein Ende
Weder Grenze
Oder Rand

Und alles
Was je ist und war

Darf seinen Ton
In eines Gottes ewigem
Orchester
spielen

Autos im Weg

Wege
Die voll Autos stehn
Sind für den Wanderer
Nicht schön.

Er tut sie nachgerade
Hassen
Und möchte sie
Entfernen lassen

Samt und sonders
Bis auf eins

Und dieses eine
Das ist
Seins.

Ende

Er sei am Ende.
Er habe im Dickicht
Sich verloren.
Es gebe kein Entrinnen.

Er lege nun sein Los
In andre Hände
Seien sie von Weisen
Oder Toren

Und zähle die
Sandpartikel ab

Die unentwegt
Verrinnen.

Der erste Weg

Der erste Weg
Wie dem auch sei
Ist der des
Spermas
Hin zum Ei.

Soweit die Lust.

Und dann der
Frust:

Man hat die
Qual
Es fehlt die
Wahl:

Es wartet
Der Geburtskanal.

Der Ruhestand

Der Weg
Den er als
Letzten fand
Ist der
In seinen
Ruhestand.

Er bleibt nun stehn
Die Welt dreht
Weiter
Sein Weg wird
Eng
Mitnichten breiter.

Was kann der Rest
Dem Rentner
Bieten?

Ein' Camper
Könnte er sich mieten
Oder eine Davidson

Der Weg hinauf –
Der wartet schon...

Der See

Spiegel
Trüb und blind gefroren
Halb im Dämmer
Halb geboren
Lässt nur ahnen
Und vermuten.

Mensch
Da stehst du
Wie verloren
Hast den Träumen
Abgeschworen

Und erstarrt sind
Deine Fluten

Der Stein

Da liegt ein Stein
Ist einer unter vielen
Und doch ist mir
Als würde er
Ich weiß nicht
Nach mir schielen

Da liegst du
Stein
Ich lasse die Gedanken
Spielen
Fällt mir nichts Bessres ein
Als mit dem Fuß
Nach dir zu zielen?

Bist du der Stein im Brett
Den einer hat
Beim andern?
Dann fände ich dich nett
Und trüge gern dich mit
Beim Wandern.

Doch wenn ich dich so seh
Vermute ich was Ernstes
Großes
Vielleicht tust du wem weh
Bist Stein gar
Des Anstoßes?

Oder warst du selbstvergessen
Voller Zorn und voller Schwung
Gar nicht friedlich, anstatt dessen
Akteur bei einer Steinigung?

Doch taugst du nicht als
Hinkelstein
Dafür bist du
Pardon!
Zu klein.

Da liegst du
Stein
Bist einzig unter vielen
Komm, lass dich darauf ein
Lass mich noch etwas
Spielen!

So wie sie
Mit mir spielt
Die Allerliebste mein
Die für mich nichts mehr fühlt

Sie hat ein Herz
Aus Eisen
Und ist wie du
Aus Stein.

Der teure Weg nach oben

Der Weg zum Himmel
Der ist teuer
Die Maut dazu
Heißt Kirchensteuer.
Und ist die Steuer
Dir zu teuer
Tust Buße du
Im Fegefeuer.
Ein Schärflein
Da und dort gespendet
Macht
Dass dein Los sich
Drastisch wendet

Die Seele
Erst noch arg gepeinigt
Ist schwuppdiwupp!
Im Nu gereinigt
Und find't inmitten
Frommer Lieder
Mit einem Flügelpaar
Sich wieder
Und jubiliert nun
Quer und breit
Im Chor bis in die Ewigkeit
Als Gottes Bräutigam
Und Braut –

Das ging nicht ohne
Diese Maut.

Der teure Weg nach unten

Der Weg zum Himmel
Der ist teuer
Die Maut dazu heißt
Kirchensteuer
Ohne Cash
Gebet
Oblaten
Musst du in der
Hölle braten
Und kein Weg führt
Dort retour

Bleibst beim
Satan
In der Kur

Die Münze und ihre andere Seite

Wie weit sind wir vom Affen weg
Die Engel von den Teufeln?
Dass uns da trennen Weg und Steg
Das möchte ich bezweifeln.

Das eine ist des andern Spiegel
Die stets verdrängte Seite
Erst ist man Hase, nachher Igel
Mal Jäger und dann Beute.

Der Traum

Ein Grashalm hatte einen Traum
Und keiner sollt' daraus ihn wecken

Er mühte sich zu werden wie ein Baum
Und blieb dann doch in seinem Wachstum
Kläglich stecken

Er reckte sich,
Das Ganze schien soweit zu passen
Er nahm im Längenwachstum etwas zu
Wie Gott war er
Und konnt' sich durchaus sehen lassen –

Dann fraß als allerersten Grashalm ihn
Die Kuh.

Der Weg

Es waren seine letzten Tage
Er atmete sie ein
In vollen Zügen

Vergangenheit
War jede Plage
Und vor ihm schien
Ein unbestelltes
Land zu liegen.

Er ging
Und suchte nach dem
Eingang in die
Höhle
Die tief ins Reich der
Ewigkeiten führt

Verließ den Körper
Und betrat als
Reine Seele

Die Welt
In der man
Wird
Und neu gebiert.

Der Weg zurück

Der Weg
Auf dem er sie
Umgarnt
Hat sich sehr schnell
Als Flopp enttarnt

Auf diese eine Nacht
Der Nächte
Folgten Tage
Ziemlich schlechte

Sie möchte gern den Weg zurück

Er steht noch offen

Was für Glück.

Der Wolf

Ein alter Wolf
Dem schon die Zähne locker
Setzt sich die Löwenmaske auf
Und stellt sich auf den Hocker
In Frack
Und Stock mit Silberknauf

Die Schafe, von Natur aus blöde
Kommen her von allen Seiten
Lauschen andachtsvoll
Des Wolfes Rede
Lassen führen sich
Und leiten

Beginnen ihn zu ihrem Gott zu küren
Und willig sich
Zur Schlachtbank führen.

Der Zaun

Ein Zaun zieht eine Furche
Quer durchs Tal
Und schafft dadurch ein
Außen und ein Innen.
Ich steh davor
Und habe nun die Wahl
Muss auf den weitern Marschpfad
Mich besinnen.

Was soll ich tun?
Ich kann mich nicht
Entscheiden
Und fühle mich gehalten
Und gezerrt
Sehe auf beiden Seiten
Fette Kühe weiden
Und frage mich:
Bin ich nun
Ein-
oder doch viel eher
Ausgesperrt?

Dann seh ich dich.
Du hast den andern Weg genommen

Bist jenseits dieser Grenze
Und du hast gewählt

Du bist weit fort,
Ich sehe dich verschwommen

Da ist der Zaun

Und jede Stunde
zählt

Die Entscheidung

Ahornsamen
Stecken im Eis.

So wird das Leben
Zurückgehalten

Ihr Keimen
Blühen
Und Gedeihen

Sie sterben
Wie sie fielen
Still und leis

Und unerklärliche Gesetze
walten

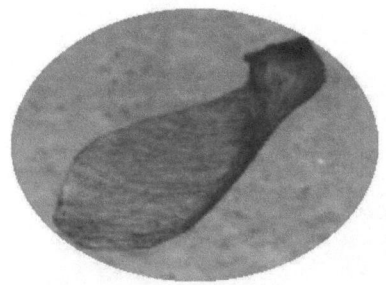

Die Kirche und ihr Dorf

Er ging
Und keiner weiß
Warum
Mit der Kirche
Um das Dorf
Herum.

Nachdem er seine
Show beendet
Wusst' er
Der Umweg war
Verschwendet

Die Zeit wär besser
Investiert
Wär er aufs Ziel
Gleich zumarschiert.

Der Pilger

Da macht sich wer
Mit viel Verständnis
Auf
Zum Wege der Erkenntnis
Compostela ist das Ziel
Dorthin strebt des
Pilgerns Kiel.
Der Weg ist steinig
Voller Staub
Es fehlen Bäume
Fehlt das Laub
Das Schatten
Und ein Lüftlein spendet
Und unsres Pilgers
Pein beendet
Meditieren ist OK
Doch schmoren tut dem
Body weh.
Schlussendlich ist
Mit vielen Frommen
An seinem Ziel er
Angekommen.
Erkenntnis stellt sich
Mäßig ein:

Er möchte viel
Erkannter sein.

Dimensionen

Da ist das Feste
Und das Flüssige
Die Luft
Das Kalte und das
Warme
Eis
Und da die Flammen

Da ist das Scharfe
Und das Bittere
Das Süße
Und der Duft
Und alles löst sich auf
Und geht zusammen

Zerstörung ist da
Und ein Kommen
Vergehen
Teils weil es will
Teils weil es muss

Ein Fallen ist da und ein
Auferstehen
Nichts ist fest
Es ist in
Fluss

Not ist da
Und eine
Wand aus Hindernissen
Gefühle
Triebe
Trug
Und List

Und da ein Ahnen
Und ein Wissen

Dass alles
Ausdruck
Dieses steten
Quellens
Ist.

Nichts was er bereut

Er ist erwacht
Und wusste nicht, wie ihm geschah
War plötzlich da
und stürzte trunken durch die Nacht
Durch Kneipen und durch Rotlichtgassen
Das Leben war so nah!

Vergessen war das Zittern, Beben
Das Zögern, Starren und das Warten
Die Agonie hat er im Flug verlassen
Und sucht' fortan nach prallem Leben
Nach Höllenstürzen, Himmelfahrten
Versuchte letzthin gar zu schweben -

Ignorierte die Probleme
Spottete auf schlappe Schwänze
Lebte ausschließlich Extreme
Kannte weder Halt noch Grenze.
Fürchtete kein Ungeheuer
Auch nicht Schatten in der Nacht
Zündelte und spielt' mit Feuer
Strebte nach der Dunklen Macht.

Lebte, das war zu erwarten
Auf die Art nur kurze Zeit
Ruht nun sanft im Friedhofgarten

Da ist nichts
Was er bereut.

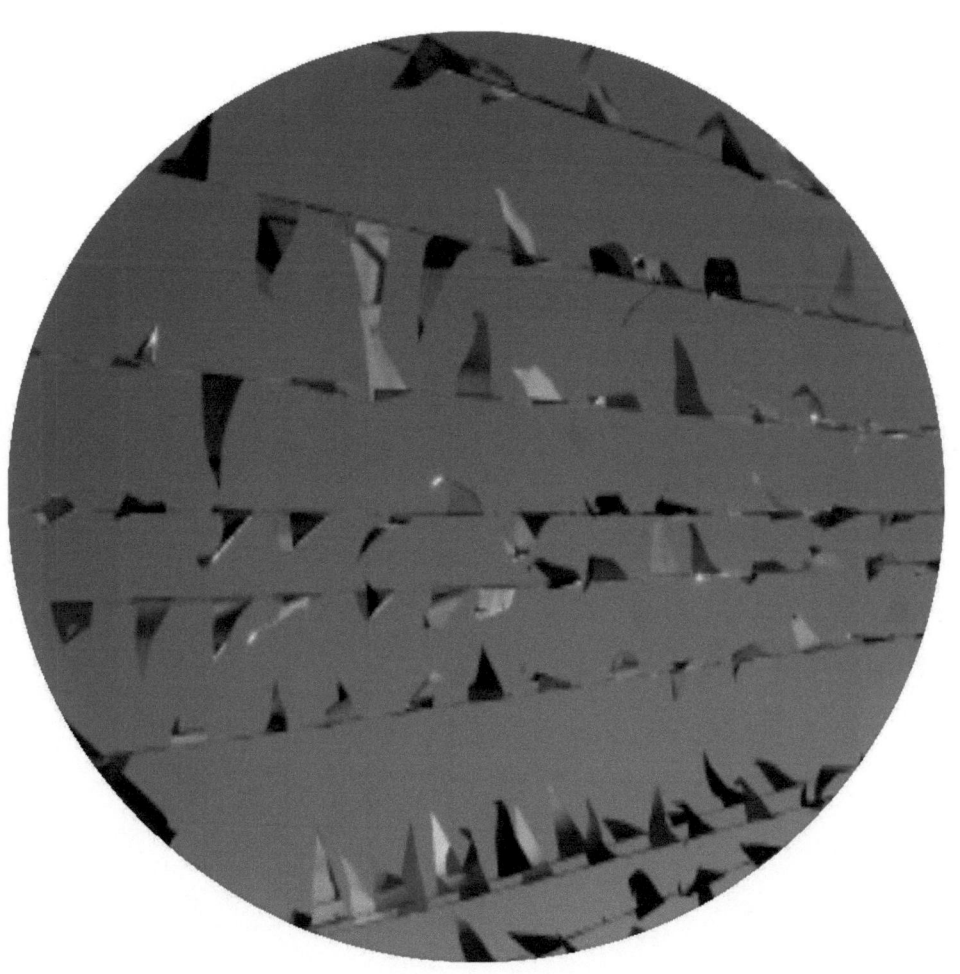

Ende des Streits

Der Weg da zwischen uns
Ist steinig
Da sind wir beide uns
Doch einig?

Räumst du den einen Felsen fort
Nehme ich den andern
Jenen dort

Nimmst du die Länge
Nehme ich die Breite

Dann ist's wohl aus
Mit diesem Streite

Erkenntnis

Er hat vor lauter Wichtigkeiten
Seines Haustiers ganz vergessen
Nun liegt es tot auf seiner Schwelle
Wer kann denn seinen Schmerz ermessen?

Da setzt sich die Erkenntnis fest:

Erst kommt das Leben
Dann der Rest.

Fenschterlen 1

Der Weg
Vermittels einer
Leiter
Führt stracks nach
Oben
Immer weiter.

Das Fenster
In der Höhe
Oben
Zeigt seinen Riegel
aufgeschoben

der Freier klettert
ins Gemach

es ist schon klar
was folgt
danach.

Fenschterlen 2

Der Aufstieg mittels
Einer Leiter
Führt unsern Held
Zehn Stufen weiter.

Zuoberst steht ein Fenster
Offen
Und dieser Umstand
Lässt ihn hoffen.

Die Kammer
Die sich hinten
Weitet
Die ist der Ort
Wo man -

Nicht streitet.

Frühling naht

Ein Traktor steht mit
Tuckerndem Motor
Auf einem dieser Wege
Die kreuz und quer
Durch frisch ergrünte
Wiesen laufen

Ein Bauer schaufelt Mist
Von ferne hört man
Turmuhrschläge

Am Himmel klumpen
Wolken sich zu
Weißen Haufen

Er ist zurück
Daran ist nicht
Zu rütteln
Lockt frisches Grün
Aus Feld und
Flur

Und mag Frau Holle auch noch
Ab und zu die Betten
Schütteln:

Es ist des Winters
Letztes Zappeln
Nur.

Gamer

Seine Welt ist klein geworden
Klein wie seine Bleibe
Die nun aus Couch
Dem Kühlschrank
Und dem Klo besteht

Die Welt ist doch
Entgegen aller Meinung
Eine Scheibe
Mit einem Tastenfeld
An dem er klickt und dreht.

Ob er noch lebt?
So mancher Nachbar munkelt
Steht ratlos im Treppenhaus
Die Tür verschlossen
Jedes Fenster ist verdunkelt
Und keiner geht hinein und kommt heraus.

Archäologen fanden eintausend Jahre später
Ein paar Fetzen
Bedeckt mit einer dicken Schicht aus Sand und Ton
Das Skelett besteht zu jedermanns Entsetzen
Aus Leiterbahnen
Und aus Silikon.

Halt fort

Er ging davon
Und war nicht mehr zu halten
Warf alles über Bord
Auch Regeln
Die einst galten

Zog nunmehr nackt
Von Ort zu Ort

Wo er jetzt ist?
Nicht da.

Halt fort.

Herbst zu Zweit

Mein See hält still den Atem ein
Liegt spiegelglatt zu meinen Füßen
Er wird wohl nicht gefroren sein?
Lässt Winter denn schon grüßen?

Ein leises Kräuseln lässt ihn beben
Verzerrt die Bäume, die kopfüber
Sich matt in ihm zur Ruhe legen
Und Dämmrung legt sich nieder.

Und du?

Mein Blick ertastet dein Gesicht
Und Falten, nicht zu übersehn.
In deinen Augen, welches Licht!
Komm,
Lass uns in den
Winter gehen.

Ich

Er hat sich in den Schlund gewagt
Ist halb entschlossen
Halb verzagt
Den Weg zur Mitte abgestiegen.
Wird er verlieren
Oder siegen?

Fratzen starren in den Nischen
Magma brodelt
Drachen zischen
Abgrund tut sich gähnend auf
Bleib nicht stehen
Lauf doch, lauf!

Sieh nur
Wie die Erde zittert
Unholde sich in Tümpeln spiegeln

Und dahinter steht vergittert
Eine Tür
Mit sieben Siegeln.

Illusion

Du hast dein Wesen
Verkannt
Bist in die Irre
Gerannt
Das hast du davon

Hast dich in Träumen
Verfangen
Bist im Nebel
Gegangen
Das ist der Lohn.

Hast den Verstand
Ausgeblendet
Und wusstest
Das endet

Als Illusion

Ikarus

Er griff verwegen
Nach den Sternen
Suchte
Eins der Lichter
Zu erhaschen
Eines dieser weiten
Ach so fernen

Ein Kind, das sucht
aus einem Honigtopf
zu naschen

Er fasste wahllos
In das ferne Dunkel
Gierig, voller
Leidenschaft
War eine kurze Zeit
Betäubt
Von dem Gefunkel
Und dann verließ ihn
langsam
Seine Kraft.
Er fiel
Und fiel
Verstoßen
Aus dem Firmament
Und tauchte ein
In seinen Tümpel
Dem er kurz
Entfloh

In dieses schwere
Abgrund
tiefe
Element

Und brennt seitdem nun
Lichterloh

Herbstes Ende

Der letzte Atemzug
Verhaucht

Der letzte Tropfen
Aufgebraucht

Geschnürt die Kehle
Es stockt das Blut
Verbrannt die Seele
Verkohlt die Glut

Du stehst bereit
Du dürrer Rest

Ist an der Zeit
Dass man dich endlich
endlich

Fahren lässt

Im Krankenhaus

Das ist die Zeit des Wartens und des Leidens
Die Zeit des Kommens und des Scheidens
Das ist die Zeit der langen Weile
Die Zeit des Portionierens
und der Körperteile
Die Zeit der Eingriffe und der Operationen
Die Zeit der Untermenschen
und die der Ikonen
Die Zeit der Ständefarben
grün und weiß und blau
Mit Rechten und mit Regeln,
und die sind genau
Die Zeit ist das
der ewig langen Gänge
Der Schalterhallen voller Menschen
und Gedränge.

Da ist ein Weiblein, und es fragt devot und schüchtern:
„Wo bitte ist mein Mann?"
Die Antwort kommt unwillig, nüchtern:
Der Arzt hält ein und sagt:
„Nicht hier.
Gestorben wird in Minus Vier."

Kantinentraum

Sie standen seit Jahren an derselben Maschine
Im blauen Arbeitskittel, eingetaucht in Lärm
und Neonlicht
Er fand sie effizient wie eine Biene
Und sie bemerkte ihn seit jeher nicht.

Sie warfen sich die schweren Stapel zu
Die unentwegt das Förderband aus seinem Innern spie
Und irgendwie gab es den Wechsel dann vom Sie zum Du
Doch mehr als ein paar Worte gab es nie.

Da standen eines Tages sie in der Kantine
In einer Schlange und die schien niemals zu enden
Die ganze Mannschaft rückte vorwärts
wie auf einer Schiene
Und sein Tablett stieß unabsichtlich ihr
ins Kreuz und in die Lenden.

Da stockte der Betrieb, da war wohl irgendetwas alle
Man musste warten
und die Schlange stellt ihr Fließen ein
Der eine hinter ihm, der spuckte Gift und Galle
Er würde gleich verhungern
und das wär nicht zu verzeihn.

Er schaute in die Runde,
ja, was sollt' er denn schon machen
Und musterte gelangweilt die Kollegen
Den einen dort, und jene, diesen fürchterlichen Drachen
Wenn die mal nicht mehr ist, ist das nichts als ein Segen.

Ihr Hinterkopf vor ihm, ein flotter Haarschnitt in Brünett
Er sah genauer hin,
dieweil die Schlange wieder weiter rollte
Sie lehnte sich zurück und drückte keck an sein Tablett
Und er -, er wusste nicht, wie er sich geben sollte.

Dann sah er,
wie sie nach dem Nachtisch langte, ihr Profil
Und wurde, was bei ihm nicht allzu oft geschah, verlegen
Das Schieben am Tablett -, sie macht' daraus ein Spiel
Und er, er fühlte, wie sich da und dort Gefühle regen.

Wie er nach dem Salat griff,
schob er sein Tablett ganz sachte In ihren Rücken,
und sie waren quitt
Sie dreht' sich um und ihre Miene lachte
Da waren tausend Sommersprossen
und die lachten alle tausend mit.

Er nahm im Speisesaal am selben Tisch dann Platz
Doch schien ihr Blick sich ganz woanders festzusaugen
Da kam der einer vom Büro daher und sagte munter
„Hallo Schatz!"
Und gab ihr einen Kuss –

und ihm gab sie ein leichtes Zwinkern mit den Augen.

Kreuzweg und Wegkreuz

Das Wegkreuz
ist kein
Kreuzweg
Dort

Das liegt an dem
Bestimmungswort

Da liegt der Weg
An erster Stelle
Dann folgt das Kreuz
Im Fall der Fälle.

Es zeigt die
Wegverläufe an
Die man bei Laune
Laufen kann

Die Bank am Kreuz
Gehört dazu
Zum Rasten,
Für des Wandrers Ruh.

Laub

Dürres Laub liegt
Nass und kalt
Füllt Spuren auf
Und Rinnen

Das letzte fällt
Von spätem Wind
Gewiegt
Kopfüber
Ohne Halt

Versinkt in Träumen
Und im Sinnen

Legt nun der Mutter
Sich zu Füßen
Mit allen anderen
Zuhauf

Und alles
Kommt ins
Lösen und ins Fließen

Und so vollendet sich der Lauf.

Mein Herz

Es gab eine Zeit
Da führten alle Wege nach Rom.

Die Römerstraßen sind nicht mehr
Die Bauten längst zerfallen
Kein Weg führt mehr
Nach irgendwo.
Längst verebbt ist der
Besucherstrom
Die Flur ist leer
Schakale ziehn durch
Leere Gänge und durch
Öde Hallen.

Sieh
Dort eine Krippe
Ein Kind darin auf Stroh
Und neue Wege suchen nach des
Weltalls neuer Mitte
Und Menschen strömen
dieser Mitte zu.

Und wo bist du?

Midgard

Die Arme hochgereckt
Zum Firmament
Stützt du den Himmel
Yggdrasil
Und deine Äste sind
Ein Aderwerk
Das pulst und
Webt

Aufsteigt das
Was ahnungsvoll
Nach oben
Drängt

Und abwärts fließt
Was nach der Sicherheit
Der Wurzeln
Strebt.

Das ist ein steter Puls
Im Wechselspiel
Der Dimensionen
Ein Strom
Der auf- und
Niederfährt

Die Seele kann die eine Welt
Nicht ohne jene
Andere
Bewohnen

Ihr Schicksal ist
Dass sie nach
Beiden
Sich verzehrt

Nach der Weihnacht

Endlich ist die Weihnacht überstanden
Die Stände abgebaut
Das Tannengrün verschwunden

Und dort, wo sich vor kurzem
Noch Lichterketten wanden
Genießt man nun
Die längern
Abendstunden.

Was ist vom letzten Jahr dir denn
Geblieben
Von all den Hoffnungen
Die dich bedrängen?

Wieder wirst du deine
Vorsätze
Um ein Jahr
Verschieben

Und deine Träume
In den Rauchfang hängen

Nach oben

Er ging nur längs der Isohypsen
Solang es irgend nötig war
Erreicht den Fuß des Berges
Und suchte mit fiebrigen Blicken
Den höchsten Punkt
Die größte Gefahr.

Alleine
Wollte er den Aufstieg wagen
Geteilter Kampf, halbierte Ehre!
Und dachte an die
Einzelkämpfer ohne Zahl
Er ging seit seiner Kindheit ja
Bei ihnen in die Lehre.

Als er dann oben stand
Am Gipfel seiner Süchte
Als Nebel unter seinen Schuhen quoll
Der Horizont weit draußen
Unten
Das scharfe Abendlicht -
Die Menschen unten
Zwerge
Wichte

Da spürte er das Leben
In den Adern pumpen

Sog sich
Mit Prana voll.

Postwege

Ein Brief, mit Herzensblut geschrieben
Hat sich, verirrt, herumgetrieben
Und kam zum Schluss in falsche Hände
Ein Schurke, der das lustig fände.

Ein Brief, verfasst mit spitzer Feder
Sollt' einem Bösewicht ans Leder
Er hat, wie klein ist doch die Welt!
Sich einem Freunde zugesellt.
Die Sache ist beileibe schändlich!
Die Freundschaft bricht,
das ist verständlich.

Ein Brief mit Rechnung, die noch offen
Macht die Empfängerin betroffen
Sie zahlt, damit sie Ruhe hat
Doch war sie nicht der Adressat.
Der Gläubiger hat kein Problem
Es ist gezahlt, egal von wem.

Raum und Zeit

Das Ziel liegt weit
Und wirkt verschwommen
Er hat den Wegverlauf vermessen
Und dann den kürzern Weg genommen
Hat auf dies Auf und Ab vergessen!

Die Strecke auf dem Lineal
War doch so glatt
Horizontal
Wer denkt bei der Vermessung schon
An diese dritte Dimension!

Und auch die vierte macht sich breit
Es ist die Dimension
Der Zeit.

Regression

Sie hat sich fest in ihn verkrallt
Hat sich mit ihm verbunden
Er gibt ihr Festigkeit und Halt
So hat sie sich gefunden

Sie ist ab jetzt nicht mehr allein
Es gibt sie nur als Bündel
Sie regrediert zum Kindelein
Mit Schnuller
Und mit
Windel.

Schon klar

Bergwärts führt ein
Schmaler Weg

Schon klar:
Man reimt hier gern
Auf Steg
Drum
Weil ein Weg
Kaum ausgespart
Als Steg zumeist sich
Offenbart.

Da führt nun unser Weg
Nach oben

Schon klar:
Man reimt hier gern
Auf loben

Nachdem nun
Schweißesperlen rinnen
Kann ich dem Reim
Nichts abgewinnen
Und reime lieber hier auf
Mühe -

Schon klar
Dass ich jetzt
Talwärts
ziehe

Und eh' gedacht

Er ist ein Kämpfer
Will sich plagen
Fragt man warum
Sagt er nur: „Weil!"
Er freut sich
Wenn die Gipfel ragen
Hauptsache ist
Es ist recht steil.

Sein Elixier sind die Extreme
Und dann Medaillen, Siegerkränze
Wilde Bäche, starke Ströme
Sowie das Sprengen
Jeder Grenze.
Er kann auf Speis' und Trank
Verzichten
Doch keinesfalls auf den
Applaus
Geht auf in Medien
Und Berichten
Und sucht sich einen
Sockel aus.

Die Zeit verstreicht
Unwiederkehrlich
Muss sich nun
Mit den Jungen messen
Siege gibt es nur mehr
Spärlich –

Und eh'gedacht
Ist er vergessen.

Und wie geht's weiter?

Er sucht den Weg stets
Abzukürzen
Und kommt dabei
Ins Stolpern
Stürzen

Durchquert die Landschaft
Grad und schräg
Denn Ziel sei Ziel
Und Weg halt Weg.

So kommt er zwar
geschunden an
Doch kammgeschwellt
So wie ein Hahn.

Glücklich ist er
Froh und heiter

Er ist am Ziel.

Doch –

was nun weiter?

Von der Eile

Da ist ein Schritt

Er will den Raum
Durchmessen
Und das
so schnell es irgend geht.

Er dribbelt
Und nimmt tausend seiner
Artgenossen mit
So lässt sich mehr an Weg
In weniger Momenten
Fressen

Und flugs ist er am Ziel.

Ja nicht zu spät!
Dann lieber noch
Ein bisschen pushen
Und ein wenig stressen!

Nun ist er da
Weiß nicht recht was
Tun mit all der
Eingesparten Zeit

Er lässt die Leute gaffen

Und ist zu neuem Spurt
Bereit

Stadt und Land

Sie macht sich nach dem Melken mit der Kanne auf den
Weg
Es dämmert und die Sonne steigt als rosenroter Ball
Die Hühner scharren lustlos und der Hofhund blinzelt
träg
Und Vater stapft mit schweren Stiefeln aus dem Stall.

Barfüßig läuft sie durch die frisch gemähte Wiese
wie ein flinkes Reh
Das Gras, wie duftet es so würzig frisch!
Der Himmel spannt sich über ihr, ein leuchtend blauer
See
Und sie durchpflügt ihn wie ein ausgelassner Fisch.

Sie hat ihr Festtagskleid gebügelt,
das schwarze mit den vielen Falten
Die Seidenschürze und die weiße Bluse
Ob denn die straff geflochtnen Zöpfe wohl
bis hin zur Villa halten?
Das Mieder ist so eng, was soll's,
wer schön sein will tut eben Buße.

Dann kommt das Haus in Sicht,
das Herrenhaus mit Pool und mit Garage
Ihr Herz klopft bis zum Hals
und sie bleibt schüchtern stehn
Nur keinen Fehler jetzt! Ja keine Blöße und Blamage!
Dann sieht sie ihn zu seinem roten Cabrio gehn.

„Guten Morgen", sagt sie, „da ist die Milch".
Was hat er nur für Augen!
Wie schön er ist! Und er nickt einen guten Morgen
Währenddem sich seine Blicke stumm
an ihren Körper saugen -

Wie gerne hätte sie sich irgendwo davor verborgen.

Sie geht durchs Gartentor
Und stellt die Kanne vor die Tür
Und blickt errötend ihm und schamhaft ins Gesicht
Er seinerseits, er mustert sie,
als ginge es um eine Kür
Und sieht nur eins:
wie junge Brüste hinter einer weißen Bluse quellen.

Eine vom Dorf, denkt er,
Die ist nicht schwer zu kriegen
Nach einer flotten Autotour mit offnem Dach
Ein bisschen Charme,
ein Kompliment,
dann habe ich sie liegen
So ein Naivchen lege ich
In einer halben Stunde flach!

Sie steht noch immer da
und weiß nicht, wie sich geben
Sie ist verliebt in ihn,
seit sie das erste Mal ihn sah
Und alles dreht sich seither nur um ihn,
ihr ganzes Leben

Wie süß er ist! träumt sie
und fühlt sich ihm
unendlich nah.

Was uns zusteht

Wir sind vor vielen Jahren
Ziemlich eng gestartet
Und gingen unsre ersten Schritte
Sozusagen
Zwillingsweise.
Wir haben uns im Lauf der Zeit
Verwürfelt und verkartet
Und sind seither nun
Auf getrennter
Reise.

Schuld bekam natürlich
Der Beruf
Die Arbeit, die uns
Bis ins Letzte fordert

Mitunter auch der eine
Der uns schuf –

Doch was er liefert
Hatten wir
Bei unserm Start
Geordert.

Was wird dir bang

Auf meinem Marschpfad tun sich Spalten auf
Lawinen stürzen von den Höhen
Bizarre Steine türmen sich zuhauf
Versperren Sicht und Weitergehen

Was wird dir bang, mein müdes Herz
Wie schwer dein Sinn sich tut.
Dein Sehnen zieht dich himmelwärts
Doch fehlen Kraft und Mut.

Weg der Balance

Slackline-Geher
Leiden sehr
Sie machen sich
Das Gehen
Schwer

Bewältigen
Auf diese Art
Schritt um Schritt
Und dieses hart.

Doch hat man plakativ
Gezeigt
Dass man zu
Akrobatik
Neigt
Absturzängste
 überwindet

Und Gleichgewicht
Im Quälen
Findet.

Weg der Erkenntnis

Ein Weg
Der die Erkenntnis nährt
Ist selten leicht
Und unbeschwert.

Da gibt es
Wellental und
Hügel
Schwerkraft
Gibt es
Und auch Flügel.

Ein Krümel
Findet sich dann
Plötzlich

Von Weisheit

Und das ist
Ergötzlich.

Weg der Verdauung

Die Flüssigkeit
Sucht ihre
Straße
Quer durch den Körper
Hin zur Blase.

Der feste Rest
Bei Reich und Arm
Geht durch den
Magen
In den Darm.

Und seinen Ausweg
Schließlich schafft er
Durch einen
Ausgang

Namens
After.

Weg nach innen

Kein Weg ist ihr
Zu hoch
Zu steil

Sie sucht im
Inneren ihr Heil

Forscht nach den
Gründen ihres
Wesens
Nach Möglichkeiten
Des Genesens

Nach alten Narben
Alten Schwielen

Nach neuen Wegen
Neuen Zielen

Kurzum
Die Seele wird saniert

Ihn freut's
Wenn er davon
Was spürt

Weg und Ziel

Der Weg
So sagt man
Sei das Ziel.
Wer fragt da schon
Wie oft man fiel

Und sich dann wieder
Auf die Beine stellt

Sie ist nicht eben
Diese Welt

Weg zum Stall

So mancher Weg
Trotz
Weihrauch
Myrrhe

Führt dich erst einmal
In die
Irre.

Doch bleibst du
Konsequent am
Ball

Winkt hinterher
Der Stern
Samt Stall.

Weg zur Krippe 2014

Da ist ein Weg
Der sich ins Dunkel schlängelt.

Ein Lichterpaar,
Und dann ein zweites
Das näherkommt
Und drängelt.

Ein Hupen hört man
Und da ist ein ärgerliches Blinken
Der eine zeigt den Mittelfinger
Und man weiß schon:
Der tut stinken.

Ein jeder will der Erste sein
Beim Stall
Beim Kind
Beim Krippelein.

Wege führen zumeist nach oben

Wege führen meist
Nach oben
Da kannst du schimpfen
Oder toben

Und ist des Berges Kamm
Erreicht
Mag sein
Dass dann der
Ärger weicht

Denn irgendwann geht jeder Pfad
Dann wieder abwärts.

Ist nicht schad.

Weg-Weiser und Weg-Macher

Da ist ein Weg
Und da sein Weiser
Den hat zu gehn
Sogar ein Kaiser
Und tritt der einen
Schritt daneben
Ist er kein Kaiser mehr
Halt eben

Da ist der Weg
Und da sein Macher
Mal ist er steil
Dann wieder flacher

Des Machers Job ist es
Zu schauen
Ob man dem Wegverlauf
Kann trauen

Zeit der Raben

Es ist die Zeit der Raben
Die ernst durch leer-
Geräumte Felder schreiten

Und
In den kalten Fenster-
Höhlen hockt das
Warten.

Gelbe Rebenreihen
Bieten da und dort
Vergessne
Gaben
Und in den nebeligen
Weiten
Ahnst Dämonen du
Auf Wilden Fahrten.

Liebste komm
Musst dich nicht quälen!

Lass uns die Flügel breiten
Und in des Wotans Heer
Durch die kristallnen
Winternächte
Reiten

Zeit und Weg

Zeit und Weg
Sind zwei Variablen
Man trickst sie aus
Mit Funk
Und Kabeln

In Null-Zeit
Schrumpft da die
Distanz

Wir sind uns nah -

und
doch
nicht
ganz

Jahreswechsel

Janus hebt sein Doppelhaupt
Blickt südwärts und nach Norden
Das was nach rückwärts nun verstaubt
Ist vorn noch nicht geworden.

Der eine Teil blickt sorgenschwer
In das vollzogne Jahr
Der andre ist noch blass und leer
Formt sich aus dem, was war.

Komm, schaun wir in die junge Zeit
Ins Jahr, das erst will reifen
Es steckt noch voller Möglichkeit
Will,
Dass wir sie ergreifen.

Zum Autor

Elmar Perkmann ist 1948 in Völs am Schlern (Südtirol) geboren. Er studierte Germanistik und Materie Letterarie in Innsbruck und Padua, unterrichtete an verschiedenen Grundschulen und dann an der Mittelschule in Klausen. 1974 übersiedelte er mit seiner Frau nach Salzburg und nahm nach Abschluss des Germanistikstudiums ein Studium in Psychologie und Psychopathologie an der Universität in Salzburg auf. Dort folgten Therapieausbildungen in Gesprächspsychotherapie und Gestalttherapie. Er arbeitete vier Jahre als Leiter einer sozialtherapeutischen Jugendwohngemeinschaft im Pongau und in Salzburg Stadt. 1882 kehrte er mit seiner Frau und seinem inzwischen fünfjährigen Sohn nach Südtirol zurück und arbeitet seitdem als Lehrer für literarische Fächer an der Mittelschule in Kastelruth und in der Lehreraus- und –fortbildung.

In den 70er Jahren engagierte er sich in Südtirol im literarischen Kreis um Dr. Alfred Gruber und veröffentlichte Lyrik im gesellschaftskritischen „Skolast" und anderen Zeitschriften sowie im Rundfunk. Damals erschien im Rahmen der „Diskussionsreihe" ein Gedichtband mit dem Titel „Studien zur Maske".

Der Autor veröffentlichte bislang 5 weitere Bücher: „Schloss Prösels: Bild– und Textimpressionen" zusammen mit dem Künstler Ivo Rossi-Sief; im Auftrag der Gemeinde Völs in Südtirol eine Publikation zu den dortigen Hexenprozessen, dann einen Schlossführer „Schloss Prösels lebt!" gefolgt von einem Mittelalterführer „Schloss Prösels für Kids" im Jahr 2014, weiter „Remis. Abgebrühtes und Ausgekochtes im ewigen Kampf der Geschlechter" 2015. In mehreren dieser Publikationen haben Gedichte Eingang gefunden: Der Autor bezeichnet die Lyrik als seine eigentliche dichterische Heimat, einen Anspruch, dem er im vorliegenden Bändchen weiter nachzukommen vermag.